Padre Raniero Cantalamessa O.F.M. Cap.

INNAMORATO DI CRISTO

Padre Raniero Cantalamessa O.F.M. Cap.

INNAMORATO DI CRISTO
IL SEGRETO DI FRANCESCO D'ASSISI

Roma 2014

PRESENTAZIONE

L'ondata di entusiasmo e di simpatia che ha suscitato la scelta del nome Francesco da parte del nuovo papa, mi ha suggerito l'idea di dedicare al santo di Assisi le meditazioni tenute alla Casa Pontificia nell'Avvento del 2013, il primo predicato in presenza di papa Francesco.

Lo scopo non era celebrativo, ma ecclesiale e spirituale: cercare di vedere cosa questo santo vissuto all'inizio del secolo XIII ha ancora da dire alla Chiesa di oggi, soprattutto sul tema, tanto caro al nuovo papa, di un ritorno semplice e radicale al Vangelo. Nel suo libro *Vera e falsa riforma nella Chiesa* il teologo Yves Congar vede in Francesco d'Assisi l'esempio più chiaro di riforma della Chiesa per via di santità e non di critica.

Anche se presentate a un pubblico particolare, costituito dal papa, da cardinali, vescovi e prelati della Curia romana e dai superiori generali di Ordini religiosi, le riflessioni sono nate pensando a tutta la Chiesa e sono, penso, accessibilissime a tutti. Francesco è l'uomo universale; in vita, egli parlava a tutti, dotti e ignoranti, perfino, secondo la leggenda francescana, agli uccelli e al lupo. Di Francesco non si può parlare se non "francescanamente", in maniera semplice, diretta e, se possibile, poetica.

È nota la domanda che frate Masseo rivolse un giorno a bruciapelo a Francesco: «Perché tutti a te? Perché tutto il mondo corre dietro a te?». L'interrogativo si pone oggi con più ragione di allora, perché il mondo che va dietro al santo non è più, come al tempo di frate Masseo, il piccolo mondo dell'Italia centrale, ma letteralmente tutto il mondo, compresi molti non credenti o credenti di altre religioni.

La risposta che il Santo diede a frate Masseo: «Perché gli occhi di Dio non hanno trovato sulla terra un peccatore più vile di me», oggi ci appare soggettivamente sincera (lui era convinto di ciò che diceva!), ma oggettivamente non vera, o almeno incompleta. Il mondo va dietro a Francesco d'Assisi non perché vede in lui un grande peccatore convertito, ma perché vede realizzati in lui quei valori ai quali tutti segretamente aspirano: la pace, la libertà, la fraternità, la gioia, la sintonia con tutto il creato.

Le riflessioni che, assecondando un desiderio dell'agenzia Zenit, offro ora a un pubblico più ampio di quello iniziale, si prefiggono di mostrare che c'è un altro motivo - il più importante di tutti e che è all'origine di tutto - per cui gli uomini vanno dietro a Francesco d'Assisi. «Dopo la mia morte», ha scritto Kierkegaard, «non si troverà nelle mie carte una sola spiegazione di ciò che in verità ha riempito la mia vita. Non si troverà nei recessi della mia anima quel testo che spiega tutto e spesso di ciò che il mondo tiene per bagattelle fa degli avvenimenti di enorme importanza per me» (*Diario*, IV A, 85). Non si può dire la stessa cosa di Francesco d'Assisi. La spiegazione di ciò che ha riempito la sua vita, la parola che spiega tutto di lui, in una parola il suo "segreto", esiste ed è chiarissima: si chiama Gesù Cristo! Egli ricorda al mondo Gesù di Nazareth, ne è l'icona vivente; è stato in maniera eminente ed unica, quello che, secondo Paolo, deve essere ogni cristiano: «il buon profumo di Cristo nel mondo» (2 Cor 2, 15).

I

SAN FRANCESCO D'ASSISI E IL RITORNO AL VANGELO

In questa prima meditazione vorrei cercare di mettere in luce la natura del ritorno di Francesco d'Assisi al Vangelo. Il teologo Yves Congar, nel suo studio su *Vera e falsa riforma nella Chiesa*, vede in Francesco l'esempio più chiaro di riforma della Chiesa per via di santità[1]. Vorremmo cercare di capire in che cosa è consistita la sua riforma per via di santità e cosa il suo esempio comporta in ogni

---

[1] Y. Congar, *Vera e falsa riforma nella Chiesa*, Jaka Book, Milano 1972, p. 194.

epoca della Chiesa, compresa la nostra.

1. La conversione di Francesco

Per capire qualcosa dell'avventura di Francesco bisogna partire dalla sua conversione. Di tale evento esistono, nelle fonti, diverse descrizioni con notevoli differenze tra di loro. Per fortuna, abbiamo una fonte assolutamente affidabile che ci dispensa dallo scegliere tra le varie versioni. Abbiamo la testimonianza di Francesco stesso nel suo Testamento, la sua *ipsissima vox*, come si dice, delle parole sicuramente di Cristo riportate nel Vangelo. Dice:

«Il Signore dette a me, frate Francesco, d'incominciare a fare penitenza così: quando ero nei peccati mi sembrava cosa troppo amara vedere i lebbrosi e il Signore stesso mi condusse tra loro e usai con essi misericordia. E allontanandomi da essi, ciò che mi sembrava amaro mi fu cambiato in dolcezza d'animo e di corpo. E di poi, stetti un poco e uscii dal mondo».

È su questo testo che giustamente si basano gli storici, ma con un limite per loro invalicabile. Gli storici, anche i meglio intenzionati e più rispettosi della peculiarità della vicenda di Francesco, come è stato tra gli italiani Raoul Manselli, non riescono a cogliere il perché ultimo del suo radicale cambiamento. Si arrestano - e giustamente per rispetto al loro metodo - sulla soglia, parlando di un "segreto di Francesco", destinato a rimanere tale per sempre.

Quello che si riesce a constatare, dicono gli storici, è la decisione di Francesco di cambiare il suo stato sociale. Da appartenente alla classe agiata, che contava nella città per nobiltà o ricchezza, egli ha scelto di collocarsi all'estremità opposta, condividendo la vita degli ultimi, di quelli che non contavano nulla, i cosiddetti "minori", afflitti da ogni genere di povertà.

Gli storici insistono giustamente sul fatto che Francesco, all'inizio, non ha scelto la povertà e tanto meno il pauperismo; ha scelto i poveri! Il cambiamento è motivato più dal comandamento «Ama il prossimo tuo come te stesso», che non dal consiglio: «Se vuoi essere perfetto, va', vendi tutto quello che hai e dallo ai poveri, poi vieni e seguimi». Era la compassione per la povera gente, più che la ricerca della propria perfezione che lo muoveva, la carità più che la povertà.

Tutto questo è vero, ma non tocca ancora il fondo del problema. È l'effetto del cambiamento, non la sua causa. La scelta vera è molto più radicale: non si trattò di scegliere tra ricchezza e povertà, né tra ricchi e poveri, tra l'appartenenza a una classe piuttosto che a un'altra, ma di scegliere tra se stesso e Dio, tra salvare la propria vita o perderla per il Vangelo.

Ci sono stati alcuni (per esempio, in tempi a noi vicini, Simone Weil) che sono arrivati a Cristo partendo dall'amore per i poveri e vi sono stati altri che sono arrivati ai poveri partendo dall'amore per Cristo. Francesco appartiene a questi secondi. Il motivo profondo della sua conversione non è di natura sociale, ma evangelica. Gesù ne aveva formulato la legge una volta per tutte, con una delle frasi più solenni e sicuramente più autentiche del Vangelo:

«Se uno vuol venire dietro a me, rinneghi se stesso, prenda la sua croce e mi segua. Perché chi vorrà salvare la sua vita, la perderà; ma chi avrà perduto la sua vita per amor mio, la troverà» (Mt 16, 24-25).

Francesco, baciando il lebbroso, ha rinnegato se stesso in quello che era più "amaro" e ripugnante alla sua natura. Ha fatto violenza a se stesso. Il particolare non è sfuggito al suo primo biografo che descrive così l'episodio:

«Un giorno gli si parò innanzi un lebbroso: *fece violenza a se stesso*, gli si avvicinò e lo baciò. Da quel momento *decise di disprezzarsi sempre più*, finché per la misericordia del Redentore ottenne piena vittoria»[2].

---

[2] Celano, *Vita Prima*, VII, 17 (FF 348).

Francesco non andò di sua spontanea volontà dai lebbrosi, mosso da umana e religiosa compassione. «Il Signore», scrive, «mi condusse tra loro». È su questo piccolo dettaglio che gli storici non sanno - né potrebbero - dare un giudizio, ed è invece all'origine di tutto. Gesù aveva preparato il suo cuore in modo che la sua libertà, al momento giusto, rispondesse alla grazia. A questo erano serviti il sogno di Spoleto e la domanda se preferiva servire il servo o il padrone, la malattia, la prigionia a Perugia e quell'inquietudine strana che non gli permetteva più di trovare gioia nei divertimenti e gli faceva ricercare luoghi solitari.

Pur senza pensare che si trattasse di Gesù in persona sotto le sembianze di un lebbroso (come più tardi si cercò di fare, ripensando al caso analogo della vita di san Martino di Tours)[3], in quel momento il lebbroso, per Francesco, rappresentava a tutti gli effetti

_____

3 Cf. Celano, *Vita Seconda*, V, 9 (FF 592).

Gesù. Non aveva egli detto: «L'avete fatto a me»? In quel momento ha scelto tra sé e Gesù. La conversione di Francesco è della stessa natura di quella di Paolo. Per Paolo, a un certo punto, quello che prima era stato un "guadagno" cambiò segno e divenne "perdita", «a motivo di Cristo» (Fil 3, 5 ss.); per Francesco, quello che era stato amaro si convertì in dolcezza, anche qui "a motivo di Cristo". Dopo questo momento, entrambi possono dire: «Non sono più io che vivo, Cristo vive in me».

Tutto questo ci obbliga a correggere una certa immagine di Francesco resa popolare dalla letteratura posteriore e accolta da Dante nella *Divina Commedia*. La famosa metafora delle nozze di Francesco con Madonna Povertà che ha lasciato tracce profonde nell'arte e nella poesia francescane può essere deviante. Non ci si innamora di una virtù, fosse pure la povertà; ci si innamora di una persona. Le nozze di Francesco sono state, come quelle di altri mistici, uno sposalizio con Cristo.

Ai compagni che gli chiedevano se intendeva prendere moglie, vedendolo una sera stranamente assente e luminoso in volto, il giovane Francesco rispose: «Prenderò la sposa più nobile e bella che abbiate mai vista». Questa risposta viene di solito male interpretata. Dal contesto appare chiaro che la sposa non è la povertà, ma il tesoro nascosto e la perla preziosa, cioè Cristo. «Sposa», commenta il Celano, che riferisce l'episodio, «è la vera religione che egli abbracciò; e il regno dei cieli è il tesoro nascosto che egli cercò»[4].

Francesco non sposò la povertà e neppure i poveri; sposò Cristo e fu per amor suo che sposò, per così dire "in seconde nozze", Madonna Povertà. Così sarà sempre nella santità cristiana. Alla base dell'amore per la povertà e per i poveri, o vi è l'amore per Cristo, oppure i poveri saranno in un modo o nell'altro strumentalizzati e la povertà diventerà facilmente un fatto polemico contro

---

[4] Cf. Celano, *Vita prima*, III, 7 (FF 331).

la Chiesa, o una ostentazione di maggiore perfezione rispetto ad altri nella Chiesa, come avvenne, purtroppo, anche tra alcuni dei seguaci del Poverello. Nell'uno e nell'altro caso, si fa della povertà la peggiore forma di ricchezza, quella della propria giustizia.

2. Francesco e la riforma della Chiesa

Come avvenne che, da un evento così intimo e personale quale la conversione del giovane Francesco, prese avvio un movimento che cambiò a suo tempo il volto della Chiesa ed ha inciso così fortemente nella storia, fino ai nostri giorni?

Bisogna rivolgere uno sguardo alla situazione del tempo. All'epoca di Francesco, la riforma della Chiesa era un'esigenza avvertita più o meno consapevolmente da tutti. Il corpo della Chiesa viveva tensioni e lacerazioni profonde. Da una parte c'era la Chiesa istituzionale - papa, vescovi, alto clero - logorata dai suoi perenni conflitti e dalle sue troppo strette alleanze con l'impero. Una

Chiesa avvertita come lontana, impegnata in vicende troppo al di sopra degli interessi della gente. Venivano poi i grandi ordini religiosi, spesso fiorenti per cultura e spiritualità dopo le varie riforme del secolo XI, tra cui quello Cistercense, ma fatalmente identificati con i grandi proprietari terrieri, i feudatari del tempo, vicini e nello stesso tempo remoti anch'essi, per problemi e tenore di vita, dal popolo minuto.

Dalla parte opposta c'era una società che dalle campagne cominciava a emigrare verso le città in cerca di maggiore libertà dalle varie servitù. Questa parte della società identificava la Chiesa con le classi dominanti da cui sentiva il bisogno di affrancarsi. Perciò si schierava volentieri con quelli che la contraddicevano e la combattevano: eretici, gruppi radicali e pauperistici, mentre simpatizzava con il basso clero spesso non all'altezza spirituale dei prelati, ma più vicino al popolo.

C'erano dunque forti tensioni che ognuno cercava di sfruttare a proprio vantaggio. La

Gerarchia cercava di rispondere a queste tensioni migliorando la propria organizzazione e reprimendo gli abusi, sia al suo interno (lotta alla simonia e al concubinato dei preti) sia all'esterno, nella società. I gruppi ostili cercavano invece di fare esplodere le tensioni, radicalizzando il contrasto con la Gerarchia, dando origine a movimenti più o meno scismatici. Tutti inalberavano contro la Chiesa l'ideale della povertà e semplicità evangelica, facendo di esso un'arma polemica, più che un ideale spirituale da vivere in umiltà, arrivando a mettere in discussione anche il ministero della Chiesa, il sacerdozio e il papato.

Noi siamo abituati a vedere Francesco come l'uomo provvidenziale che coglie queste istanze popolari di rinnovamento, le disinnesca da ogni carica polemica e le riporta o le attua nella Chiesa, in profonda comunione e sottomissione ad essa. Francesco dunque come una specie di mediatore tra gli eretici ribelli e la Chiesa istituzionale. In un noto manuale di storia della Chiesa così è presentata la sua missione:

«Siccome la ricchezza e la potenza della Chiesa apparivano spesso come una fonte di gravi mali e gli eretici del tempo ne traevano argomento per le principali accuse contro di essa, in alcune anime pie si destò il nobile desiderio di ripristinare la vita povera di Gesù e della Chiesa primitiva, per poter così più efficacemente influire sul popolo con la parola e l'esempio»[5].

Tra queste anime viene collocato naturalmente in primo luogo, insieme con san Domenico, Francesco d'Assisi. Lo storico protestante Paul Sabatier, pur tanto benemerito degli studi francescani, ha reso quasi canonica tra gli storici, e non solo tra quelli laici e protestanti, la tesi secondo cui il cardinale Ugolino (il futuro Gregorio IX) avrebbe inteso catturare Francesco per la Curia, addomesticando la carica critica e rivoluzionaria del suo movimento[6]. In pratica,

---

[5] K. Bihhmeyer - H. Tuckle, *Storia della Chiesa*, II, Morcelliana, Brescia 2009, p. 239.

[6] Cf. P. Sabatier, *Vita di San Francesco d'Assisi*, Mondadori, Milano 1978, (ed. originale, Parigi 1894).

è il tentativo di fare di Francesco un precursore di Lutero, cioè un riformatore per via di critica, anziché di santità.

Non so se questa volontà di strumentalizzarlo si possa attribuire a qualcuno dei grandi protettori e amici di Francesco. Pare difficile attribuirla al cardinale Ugolino e ancora meno a Innocenzo III, di cui sono noti l'azione riformatrice e l'appoggio dato a varie forme nuove di vita spirituale sorte al suo tempo, compresi appunto i frati minori, i domenicani, gli umiliati milanesi. Una cosa, in ogni caso, è assolutamente certa: quell'intenzione non ha mai sfiorato la mente di Francesco. Egli non pensò mai di essere chiamato a riformare la Chiesa.

Bisogna stare attenti a non trarre conclusioni sbagliate dalle famose parole del Crocifisso di San Damiano: «Va', Francesco e ripara la mia Chiesa che, come vedi, va in rovina»[7]. Le fonti stesse ci assicurano che egli intese quelle parole nel senso assai modesto di

[7] Cf. Celano, *Vita Seconda*, VI, 10 (FF 593).

dover riparare materialmente la chiesetta di San Damiano. Furono i discepoli e i biografi che interpretarono - e, bisogna dire, non a torto - quelle parole come riferite alla Chiesa istituzione e non solo alla Chiesa edificio. Francesco rimase sempre fedele alla propria interpretazione letterale e infatti continuò a riparare altre chiesette dei dintorni di Assisi che erano in rovina.

Anche il sogno in cui Innocenzo III avrebbe visto il Poverello sostenere con la sua spalla la Chiesa cadente del Laterano non dice nulla di più. Supposto che il fatto sia storico (un episodio analogo viene infatti narrato anche a proposito di San Domenico), il sogno fu del papa, non di Francesco! Egli non si è mai visto come lo vediamo noi oggi nell'affresco di Giotto. Questo significa essere riformatore per via di santità: esserlo, senza saperlo!

3. Francesco e il ritorno al Vangelo

Se non ha voluto essere un riformatore, cosa allora ha voluto essere e fare

Francesco? Anche su questo abbiamo la fortuna di avere la testimonianza diretta del Santo nel suo Testamento:

> «E dopo che il Signore mi donò dei frati, nessuno mi mostrava che cosa dovessi fare; ma lo stesso Altissimo mi rivelò che dovevo vivere secondo la forma del santo Vangelo. Ed io con poche parole e semplicemente lo feci scrivere, e il signor Papa me lo confermò».

Allude al momento in cui, durante una Messa, ascoltò il brano del Vangelo dove Gesù invia i suoi discepoli: «Li mandò ad annunciare il regno di Dio e a guarire i malati. E disse loro: "Non prendete nulla per il viaggio: né bastone, né sacca, né pane, né denaro, e non abbiate tunica di ricambio"» (Lc 9, 2-3)[8]. Fu una rivelazione folgorante, di quelle che orientano un'intera vita. Da quel giorno gli fu chiara la sua missione: un ritorno semplice e radicale al Vangelo reale, quello

---

[8] *Legenda dei tre compagni* VIII (FF 1431 s.).

vissuto e predicato da Gesù. Ripristinare nel mondo la forma e lo stile di vita di Gesù e degli apostoli descritto nei Vangeli. Scrivendo la Regola per i suoi frati, comincerà così:

«La regola e la vita dei frati minori è questa, cioè osservare il santo Vangelo del Signore nostro Gesù Cristo».

Francesco non teorizzò questa sua scoperta, facendone il programma per la riforma della Chiesa. Egli realizzò in sé la riforma e così indicò tacitamente alla Chiesa l'unica via per uscire dalla crisi: riaccostarsi al Vangelo, riaccostarsi agli uomini e in particolare agli umili e ai poveri.

Questo ritorno al Vangelo si riflette anzitutto nella predicazione di Francesco. È sorprendente, ma tutti lo hanno notato: il Poverello parla quasi sempre di "fare penitenza". Da allora in poi, narra il Celano, con grande fervore ed esultanza, egli cominciò a predicare la penitenza, edificando tutti con la semplicità della sua parola e la magnificenza del suo cuore. Dovunque andava, Francesco diceva, raccomandava, supplicava che facessero penitenza[9].

Che cosa intendeva Francesco con questa parola che gli stava tanto a cuore? A questo proposito, siamo caduti (almeno io sono caduto per molto tempo) in errore. Abbiamo ridotto il messaggio di Francesco a una semplice esortazione morale, a un battersi il petto, affliggersi e mortificarsi per espiare i peccati, mentre esso ha tutta la novità e l'ampio respiro del Vangelo di Cristo. Francesco non esortava a fare "penitenze", ma a fare "penitenza" (al singolare!) che, vedremo, è tutt'un'altra cosa.

Il Poverello, salvi i pochi casi che conosciamo, scriveva in latino. E cosa troviamo nel testo latino del Testamento, quando scrive: «Il Signore diede a me, frate Francesco, così di cominciare a fare penitenza»? Troviamo l'espressione

---

[9] FF 358; 1436 s.; 1508.

"*poenitentiam agere*". Egli, si sa, amava esprimersi con le parole stesse di Gesù. E quella parola - fare penitenza - è la parola con cui Gesù cominciò a predicare e che ripeteva in ogni città e villaggio dove si recava:

> «Dopo che Giovanni fu messo in prigione, Gesù si recò in Galilea, predicando il Vangelo di Dio e dicendo: "Il tempo è compiuto e il regno di Dio è vicino; convertitevi e credete al vangelo"» (Mc 1, 15).

La parola che oggi si traduce con "convertitevi" o "pentitevi", nel testo della Volgata usato dal Poverello, suonava "*poenitemini*" e in Atti 2, 37 ancora più letteralmente "*poenitentiam agite*", fate penitenza. Francesco non ha fatto altro che rilanciare il grande appello alla conversione con cui si apre la predicazione di Gesù nel Vangelo e quella degli apostoli il giorno di Pentecoste. Che cosa intendesse per "conversione" non aveva bisogno di spiegarlo: la sua vita lo mostrava.

Francesco fece a suo tempo quello che al tempo del Concilio Vaticano II si intendeva con il motto: "abbattere i bastioni": rompere l'isolamento della Chiesa, riportarla a contatto con la gente. Uno dei fattori di oscuramento del Vangelo era la trasformazione dell'autorità intesa come servizio, in autorità intesa come potere che aveva prodotto infiniti conflitti dentro e fuori la Chiesa. Francesco, per conto suo, risolve il problema in senso evangelico. Nel suo Ordine - novità assoluta - i superiori si chiameranno ministri, cioè servi, e tutti gli altri frati, cioè fratelli.

Un altro muro di separazione tra la Chiesa e il popolo era la scienza e la cultura di cui il clero e i monaci avevano in pratica il monopolio. Francesco lo sa e perciò prende la posizione drastica che sappiamo su questo punto. Egli non ce l'ha con la scienza-conoscenza, ma con la scienza-potere; quella che privilegia chi sa leggere su chi non sa leggere e che gli permette di comandare altezzosamente al fratello: «Portami il breviario!». Durante il famoso capitolo delle stuoie, ad alcuni suoi frati che volevano spingerlo ad adeguarsi all'atteggiamento degli "ordini" colti del tempo, rispose con parole di fuoco che lasciarono, si legge, i frati pervasi di timore:

«Fratelli, fratelli miei, Dio mi ha chiamato a camminare la via della semplicità e me l'ha mostrata. Non voglio quindi che mi nominiate altre Regole, né quella di sant'Agostino, né quella di san Bernardo o di san Benedetto. Il Signore mi ha rivelato essere suo volere che io fossi un pazzo nel mondo: questa è la scienza alla quale Dio vuole che ci dedichiamo! Egli vi confonderà per mezzo della vostra stessa scienza e sapienza»[10].

Sempre lo stesso coerente atteggiamento. Egli vuole per sé e i suoi frati la più rigida povertà, ma, nella Regola, li esorta a «non disprezzare e a non giudicare gli uomini che vedono vestiti di abiti molli e colorati ed usare cibi e

[10] *Legenda perugina* 114 (FF 1673).

bevande delicate, ma piuttosto ciascuno giudichi e disprezzi se stesso»[11]. Sceglie di essere un illetterato, ma non condanna la scienza. Una volta assicurato che la scienza non estingua "lo spirito della santa orazione e devozione", sarà lui stesso a permettere a frate Antonio di dedicarsi all'insegnamento della teologia e san Bonaventura non crederà di tradire lo spirito del fondatore, aprendo l'ordine agli studi nelle grandi università.

Yves Congar vede in ciò una delle condizioni essenziali della "vera riforma" nella Chiesa, la riforma, cioè, che rimane tale e non si trasforma in scisma: vale a dire la capacità di non assolutizzare la propria intuizione, ma rimanere solidale con il tutto che è la Chiesa[12]. La convinzione, dice papa Francesco, nella sua recente Esortazione apostolica *Evangelii gaudium*, che «il tutto è

---

[11] *Regola Bollata*, cap. II.

[12] Sulle condizioni della vera riforma, vedi Congar, op. cit., p. 177 ss.

superiore alla parte».

4. Come imitare Francesco

Che cosa dice a noi oggi l'esperienza di
Francesco? Che cosa possiamo imitare di lui,
tutti e subito? Sia quelli che Dio chiama a
riformare la Chiesa per via di santità, sia quelli
che si sentono chiamati a rinnovarla per via di
critica, sia quelli che egli stesso chiama a
riformarla per via dell'ufficio che ricoprono?
La stessa cosa da cui è cominciata l'avventura
spirituale di Francesco: la sua conversione
dall'io a Dio, il suo rinnegamento di sé. È così
che nascono i veri riformatori, quelli che
cambiano davvero qualcosa nella Chiesa. I
morti a se stessi. Meglio, quelli che *decidono*
seriamente di morire a se stessi, perché si
tratta di un'impresa che dura tutta la vita e
anche oltre, se, come diceva scherzosamente
santa Teresa d'Avila, il nostro amor proprio
muore venti minuti dopo di noi.

Diceva un santo monaco ortodosso, Silvano
del Monte Athos: «Per essere veramente liberi,

bisogna cominciare a legare se stessi». Uomini come questi sono liberi della libertà dello Spirito; niente li ferma e niente li spaventa più. Diventano riformatori per via di santità e non solo per via di ufficio.

Ma che significa la proposta di Gesù di rinnegare se stessi? È essa ancora proponibile a un mondo che parla solo di autorealizzazione, autoaffermazione? Il rinnegamento non è mai fine a se stesso, né un ideale in sé. La cosa più importante è quella positiva: *Se uno vuol venire dietro di me*; è il seguire Cristo, possedere Cristo. Dire no a se stessi è il mezzo; dire sì a Cristo è il fine. Paolo la presenta come una specie di legge dello spirito: «Se con l'aiuto dello Spirito fate morire le opere della carne, vivrete» (Rom 8, 13). Questo, come si vede, è un morire per vivere; è l'opposto della visione filosofica secondo cui la vita umana è "un vivere per morire" (Heidegger).

Si tratta di sapere se vogliamo vivere "per noi stessi", o "per il Signore" (cf. 2 Cor 5, 15;

Rom 14, 7-8). Vivere "per se stessi" significa vivere per il proprio comodo, la propria gloria, il proprio avanzamento; vivere "per il Signore" significa rimettere sempre al primo posto, nelle nostre intenzioni, la gloria di Cristo, gli interessi del Regno e della Chiesa. Ogni "no", piccolo o grande, detto a se stessi per amore, è un sì detto a Cristo.

Non si tratta però di sapere tutto sul rinnegamento cristiano, la sua bellezza e necessità; si tratta di passare all'atto, di praticarlo. Un grande maestro di spirito dell'antichità diceva: «È possibile spezzare dieci volte la propria volontà in un tempo brevissimo; e vi dico come. Uno sta passeggiando e vede qualcosa; il suo pensiero gli dice: "Guarda là", ma lui risponde al suo pensiero: "No, non guardo", e spezza così la propria volontà. Poi incontra altri che stanno sparlando di qualcuno, magari del superiore, e il suo pensiero gli dice: "Di' anche tu quello che sai", e spezza la sua volontà tacendo»[13].

---

[13] Doroteo di Gaza, *Opere spirituali*, I, 20 (SCh 92, p. 177).

Questo antico Padre porta esempi tratti tutti dalla vita monastica. Ma essi si possono aggiornare e adattare facilmente alla vita di ognuno, chierici e laici. Incontri, se non un lebbroso come Francesco, un povero che sai ti chiederà qualcosa; il tuo uomo vecchio ti spinge a passare al lato opposto della strada e tu invece ti fai violenza e gli vai incontro, magari regalandogli solo un saluto e un sorriso, se non puoi altro. Sei stato contraddetto in una tua idea; punto sul vivo, vorresti controbattere vivacemente, taci e aspetti: hai spezzato il tuo io. Credi di aver ricevuto un torto, un trattamento o una destinazione non adeguati ai tuoi meriti: vorresti farlo notare a tutti, chiudendoti in un silenzio di tacito rimprovero. Dici no, rompi il silenzio, sorridi e riapri il dialogo. Hai rinnegato te stesso e salvato la carità. E così via.

Un traguardo difficile (chi vi parla è lontano dall'esservi giunto), ma la vicenda di Francesco ci ha mostrato cosa può nascere da un rinnegamento di sé fatto in risposta alla grazia. Il premio è la gioia di poter dire con Paolo e con Francesco: «Non sono più io che vivo, Cristo vive in me» (Gal 2, 20). E sarà l'inizio della gioia e della pace, già su questa terra. Francesco, con la sua "perfetta letizia", è l'esempio vivente della "gioia che viene dal Vangelo", l'*Evangelii gaudium*.

II

L'UMILTÀ
COME VERITÀ E COME SERVIZIO
IN SAN FRANCESCO D'ASSISI

1. Umiltà oggettiva e umiltà soggettiva

Ascoltiamo un episodio della vita di Francesco d'Assisi nell'incantevole lingua dei *Fioretti*:

«Uno dì tornando santo Francesco dalla selva e dalla orazione, e sendo allo uscire della selva, il detto frate Masseo volle provare sì com'egli fusse umile, e fecieglisi incontra, e quasi proverbiando disse: "Perché a te, perché a te, perché a te?". Santo Francesco risponde: "Che è quello che tu vuoi dire?". Disse frate Masseo: "Dico, perché a te tutto il mondo viene dirieto, e ogni persona pare che desideri di vederti e d'udirti e d'ubbidirti? Tu non se' bello uomo del corpo, tu non se' di grande scienza, tu non se' nobile onde dunque a te che tutto il mondo ti venga dietro?". Udendo questo santo Francesco, tutto rallegrato in ispirito [...], si rivolse a frate Masseo e disse: "Vuoi sapere perché a me? Vuoi sapere perché a me? Vuoi sapere perché a me tutto 'l mondo mi venga dietro? Questo io ho imperciò che gli occhi santissimi di Dio non hanno veduto fra li peccatori nessuno più vile, né più insufficiente, né più grande peccatore di me"»[1].

La domanda si pone oggi a più forte ragione che al tempo di Frate Masseo. A quel tempo, il mondo che andava dietro a Francesco era il

---

[1] *Fioretti*, cap. X.

mondo limitato dell'Umbria e dell'Italia centrale; ora esso è letteralmente tutto il mondo, spesso anche il mondo non credente o dei credenti di altre religioni. La risposta del Poverello a Frate Masseo era sincera, ma non era la vera. In realtà tutto il mondo ammira ed è affascinato dalla figura di Francesco, perché vede realizzati in lui quei valori ai quali tutti gli uomini aspirano: la libertà, la pace con se stessi e con il creato, la gioia, la fratellanza universale.

Noi parleremo, in questa circostanza, di una dote di Francesco alla quale il mondo non aspira affatto, o ben pochi lo fanno, ma che è invece la radice da cui sono sbocciati in lui tutti quegli altri valori tanto apprezzati: la sua umiltà. Secondo Dante Alighieri, tutta la gloria di Francesco dipende dal suo "essersi fatto pusillo"[2], cioè dalla sua umiltà.

Ma in che è consistita l'umiltà di san Francesco? In tutte le lingue, attraverso cui è

---

[2] *Divina Commedia,* Paradiso XI, 111.

passata la Bibbia per giungere fino a noi, e cioè in ebraico, in greco, in latino e in italiano, la parola "umiltà" possiede due significati fondamentali: uno *oggettivo* che indica bassezza, piccolezza o miseria di fatto e uno soggettivo che indica il sentimento e il riconoscimento che si ha della propria piccolezza. Quest'ultimo è ciò che intendiamo per virtù dell'umiltà.

Quando nel *Magnificat* Maria dice: «Ha guardato l'umiltà (*tapeinosis*) della sua serva», intende umiltà nel senso oggettivo, non soggettivo! Per questo molto opportunamente in diverse lingue, per esempio in tedesco, il termine è tradotto con "piccolezza" (*Niedrigkeit*). Come si può pensare, del resto, che Maria esalti la propria umiltà e attribuisca ad essa la scelta di Dio senza, con ciò stesso, distruggere l'umiltà di Maria? Eppure a volte si è scritto incautamente che Maria non si riconosce nessun'altra virtù se non quella dell'umiltà, come se, in tal modo, si facesse un grande onore e non invece un grande torto a tale virtù.

La virtù dell'umiltà ha uno statuto tutto speciale: ce l'ha chi non crede di averla, non ce l'ha chi crede di averla. Solo Gesù può dichiararsi "umile di cuore" ed esserlo veramente; questa, vedremo, è la caratteristica unica e irripetibile dell'umiltà dell'uomo-Dio. Maria non aveva, dunque, la *virtù* dell'umiltà? Certo che l'aveva e in grado sommo, ma questo lo sapeva solo Dio, lei no. Proprio questo, infatti, costituisce il pregio ineguagliabile della vera umiltà: che il suo profumo è colto soltanto da Dio, non da chi lo emana. San Bernardo scrive: «Il vero umile è colui che vuole essere ritenuto vile, non proclamato umile»[3]. L'umiltà di Francesco, ce lo ha mostrato il fioretto di Frate Masseo, è proprio di questo tipo: egli non si riteneva umile, ma si considerava vile.

2. L'umiltà come verità

L'umiltà di Francesco ha due fonti di illuminazione, una di natura teologica e una di

---

[3] S. Bernardo di Chiaravalle, *Semoni sul Cantico*, XVI, 10 (PL 183, 853).

natura cristologica. Riflettiamo sulla prima. Nella Bibbia troviamo atti di umiltà che non partono dall'uomo, dalla considerazione della propria miseria o dal proprio peccato, ma hanno come unica ragione Dio e la sua santità. Tale è l'esclamazione di Isaia: «Sono un uomo dalle labbra impure», di fronte alla improvvisa manifestazione della gloria e della santità di Dio nel tempio (Is 6, 5 s.); tale è anche il grido di Pietro dopo la pesca miracolosa: «Allontanati da me che sono un peccatore!» (Lc 5, 8).

Siamo davanti all'umiltà essenziale, quella della creatura che prende coscienza di sé al cospetto di Dio. Finché la persona si commisura con se stesso, con gli altri o con la società, non avrà mai l'idea esatta di ciò che è; gli manca la misura. «Che accento infinito», ha scritto Kierkegaard, «cade sull'io nel momento in cui ottiene come misura Dio!»[4]. Francesco ha posseduto in modo eminente

---

[4] S. Kierkegaard, *La malattia mortale*, II, cap. 1, in *Opere*, a cura di C. Fabro, Sansoni, Firenze 1972, p. 662 s.

questa umiltà. Una massima che ripeteva spesso era: «Quello che un uomo è davanti a Dio, quello è, e nulla più»[5].

I *Fioretti* raccontano che una notte, frate Leone volle spiare da lontano cosa faceva Francesco durante la sua preghiera notturna nel bosco della Verna e da lontano lo udiva mormorare a lungo alcune parole. Il giorno dopo il santo lo chiamò e, dopo averlo amabilmente rimproverato per aver contravvenuto al suo ordine, gli rivelò il contenuto della sua preghiera:

«Sappi, frate pecorella di Gesù Cristo, che quando io dicea quelle parole che tu udisti, allora mi erano mostrati all'anima mia due lumi, l'uno della notizia e conoscimento di me medesimo, l'altro della notizia e conoscimento del Creatore. Quando io dicea: "Chi se' tu, o dolcissimo Iddio mio?", allora ero io in un lume di contemplazione, nel quale io vedea l'abisso

---

[5] *Ammonizioni*, XIX (FF 169); cf. anche S. Bonaventura, *Legenda maggiore*, VI, 1 (FF 1103).

della infinita bontà e sapienza e potenza di Dio; e quando io dicea: "Che sono io?", io ero in lume di contemplazione, nel quale io vedea il profondo lagrimoso della mia viltà e miseria?»[6].

Era quello che chiedeva a Dio sant'Agostino e che considerava la somma di tutta la sapienza: «*Noverim me, noverim te.* Che io conosca me e che io conosca te; che io conosca me per umiliarmi e che io conosca te per amarti»[7].

L'episodio di frate Leone è certamente abbellito, come sempre nei *Fioretti*, ma il contenuto corrisponde perfettamente all'idea che Francesco aveva di sé e di Dio. Ne è prova l'inizio del *Cantico delle creature* con la distanza infinita che pone tra Dio «altissimo, onnipotente, bon Signore, a cui è dovuta la lode, la gloria, l'onore e la benedizione», e il misero mortale che non è degno neppure di

---

[6] *Considerazioni delle Sacre Stimmate*, III (FF 1916).

[7] S. Agostino, *Soliloqui*, I, 1, 3; II, 1, 1 (PL 32, 870.885).

"mentovare", cioè pronunziare, il suo nome:

> «Altissimu, onnipotente, bon Signore,
> Tue so' le laude, la gloria e l'honore et onne
> benedictione.
> Ad Te solo, Altissimo, se konfane,
> et nullu homo ène dignu Te mentovare».

In questa luce, che ho chiamato teologica, l'umiltà ci appare essenzialmente come verità. «Mi domandavo un giorno», scrive Santa Teresa d'Avila, «per quale motivo il Signore ama tanto l'umiltà e mi venne in mente d'improvviso, senza alcuna mia riflessione, che ciò deve essere perché egli è somma Verità e l'umiltà è verità»[8].

È una luce che non umilia, ma al contrario dà gioia immensa ed esalta. Essere umili infatti non significa esscre scontenti di sé e neppure riconoscere la propria miseria, né, per certi versi, la propria piccolezza. È guardare Dio prima che se stessi e misurare l'abisso che separa il finito dall'infinito. Più ci si rende

---

8 S. Teresa d'Avila, *Castello Interiore*, VI dim., cap. 10.

conto di questo, più si diventa umili. Allora si comincia perfino a gioire del proprio nulla, poiché è grazie ad esso che si può offrire a Dio un volto la cui piccolezza e la cui miseria hanno affascinato fin dall'eternità il cuore della Trinità.

Una grande discepola del Poverello, che papa Francesco ha da poco proclamato santa, Angela da Foligno, vicina a morire, esclamò: «O nulla sconosciuto, o nulla sconosciuto! L'anima non può avere migliore visione in questo mondo che contemplare il proprio nulla e abitare in esso come nella cella di un carcere»[9]. C'è un segreto in questo consiglio, una verità che si sperimenta provando. Si scopre allora che esiste davvero questa cella e che vi si può entrare davvero ogni volta che si vuole. Essa consiste nel quieto e tranquillo sentimento di essere un nulla davanti a Dio, ma un nulla amato da lui!

Quando si è dentro la cella di questo

---

[9] *Il libro della B. Angela da Foligno*, Quaracchi, Grottaferrata 1985, p. 737.

carcere luminoso, non si vedono più i difetti del prossimo, o si vedono in un'altra luce. Si capisce che è possibile, con la grazia e con l'esercizio, realizzare ciò che dice l'Apostolo e che sembra, a prima vista, eccessivo e cioè di «considerare tutti gli altri superiori a sé» (cf. Fil 2, 3), o almeno si capisce come ciò possa essere stato possibile ai santi.

Chiudersi in quel carcere è tutt'altro, dunque, che chiudersi in se stessi; è, invece, aprirsi agli altri, all'essere, all'oggettività delle cose. Il contrario di quello che hanno sempre pensato i nemici dell'umiltà cristiana. È chiudersi all'egoismo, non nell'egoismo. È la vittoria su uno dei mali che anche la moderna psicologia giudica esiziale per la persona umana: il narcisismo. In quella cella, inoltre, non penetra il nemico. Un giorno, Antonio il Grande ebbe una visione; vide, in un attimo, tutti gli infiniti lacci del nemico spiegati per terra e disse gemendo: «Chi potrà dunque evitare tutti questi lacci?» e intese una voce rispondergli: «Antonio, l'umiltà!»[10]. «Nulla», scrive l'autore dell'*Imitazione di Cristo*, «riuscirà a far insuperbire colui che è saldamente fissato in Dio»[11].

3. L'umiltà come servizio d'amore

Abbiamo parlato dell'umiltà come verità della creatura davanti a Dio. Paradossalmente però, la cosa che più riempie di stupore l'anima di Francesco non è la grandezza di Dio, ma la sua umiltà. Nelle *Laudi di Dio Altissimo* che si conservano scritte di suo pugno in Assisi, tra le perfezioni di Dio - «Tu sei Santo. Tu sei Forte. Tu sei Trino e Uno. Tu sei Amore, Carità. Tu sei Sapienza...» -, a un certo punto, Francesco ne inserisce una insolita: «Tu sei umiltà!». Non è un titolo messo lì per sbaglio. Francesco ha colto una verità profondissima su Dio che dovrebbe riempire di stupore anche noi.

_____

[10] *Apophtegmata Patrum*, Antonio 7: PG 65, 77.

[11] *Imitazione di Cristo*, II, cap. 10.

Dio è umiltà perché è amore. Di fronte alle creature umane, Dio si trova sprovvisto di ogni capacità non soltanto costrittiva, ma anche difensiva. Se gli esseri umani scelgono, come hanno fatto, di rifiutare il suo amore, egli non può intervenire di autorità per imporsi a loro. Non può fare altro che rispettare la libera scelta degli uomini. Si potrà rigettarlo, eliminarlo: egli non si difenderà, lascerà fare. O meglio, la sua maniera di difendersi e di difendere gli uomini contro il loro stesso annientamento sarà quella di amare ancora e sempre, eternamente. L'amore crea per sua natura dipendenza e la dipendenza l'umiltà. Così è anche, misteriosamente, in Dio.

L'amore fornisce dunque la chiave per capire l'umiltà di Dio: ci vuole poca potenza per mettersi in mostra, ce ne vuole molta invece per mettersi da parte, per cancellarsi. Dio è questa illimitata potenza di nascondimento di sé e come tale si rivela nell'incarnazione. La manifestazione visibile dell'umiltà di Dio si ha contemplando Cristo che si mette in ginocchio davanti ai suoi discepoli per lavare loro i piedi - ed erano, possiamo immaginarlo, piedi sporchi -, e ancor più, quando, ridotto alla più radicale impotenza sulla croce, continua ad amare, senza mai condannare.

Francesco ha colto questo nesso strettissimo tra l'umiltà di Dio e l'incarnazione. Ecco alcune sue infuocate parole:

«Ecco ogni giorno egli si umilia, come quando dalla sede regale discese nel grembo della Vergine; ogni giorno egli stesso viene a noi in apparenza umile; ogni giorno discende dal seno del Padre sull'altare nelle mani del sacerdote»[12].

«O umiltà sublime! O sublimità umile, che il Signore dell'universo, Dio e Figlio di Dio, così si umili da nascondersi, per la nostra salvezza, sotto poca apparenza di pane! Guardate, fratelli, l'umiltà di Dio, ed aprite davanti a lui i vostri cuori»[13].

---

[12] *Ammonizioni*, I (FF 144).

[13] *Lettera a tutto l'Ordine* (FF 221)

Abbiamo scoperto così il secondo movente dell'umiltà di Francesco: l'esempio di Cristo. È lo stesso movente che Paolo indicava ai Filippesi quando raccomandava loro di avere gli stessi sentimenti di Cristo Gesú che «*umiliò se stesso facendosi obbediente fino alla morte*» (Fil 2, 5.8). Prima di Paolo, era stato Gesù in persona a invitare i discepoli a imitare la sua umiltà: «Imparate da me che sono mite e umile di cuore!» (Mt 11, 29).

In che cosa, ci si potrebbe domandare, Gesù ci dice di imitare la sua umiltà? In che cosa è stato umile Gesù? Scorrendo i Vangeli, non troviamo mai la benché minima ammissione di colpa sulla bocca di Gesù, né quando conversa con gli uomini, né quando conversa con il Padre. Questa - detto per inciso - è una delle prove più nascoste, ma anche più convincenti, della divinità di Cristo e della assoluta unicità della sua coscienza. In nessun santo, in nessun grande della storia e in nessun fondatore di religione si riscontra una tale coscienza di innocenza.

Tutti riconoscono, più o meno, di aver commesso qualche errore e di avere qualcosa da farsi perdonare, almeno da Dio. Gandhi, per esempio, aveva una coscienza acutissima di avere, in talune occasioni, preso delle posizioni errate; aveva anche lui i suoi rimorsi. Gesù mai. Egli può dire rivolto ai suoi avversari: «Chi di voi può convincermi di peccato?» (Gv 8, 46). Gesù proclama di essere "Maestro e Signore" (cf. Gv 13, 13), di essere più di Abramo, di Mosè, di Giona, di Salomone. Dov'è, dunque, l'umiltà di Gesù, per poter dire: «Imparate da me che sono umile»?

Qui scopriamo una cosa importante. L'umiltà non consiste principalmente nell'*essere piccoli*, perché si può essere piccoli, senza essere umili; non consiste principalmente nel *sentirsi piccoli*, perché uno può sentirsi piccolo ed esserlo realmente e questa sarebbe oggettività, non ancora umiltà; senza contare che il sentirsi piccoli e insignificanti può nascere anche da un complesso di inferiorità e portare al ripiegamento su di sé e alla disperazione, anziché all'umiltà. Dunque l'umiltà, per sé, nel grado più perfetto, non è nell'essere piccoli, non è nel sentirsi piccoli o proclamarsi piccoli. È nel *farsi* piccoli, e non per qualche necessità o utilità personale, ma per amore, per "innalzare" gli altri.

Così è stata l'umiltà di Gesù; egli si è fatto tanto piccolo da "annullarsi" addirittura per noi. L'umiltà di Gesù è l'umiltà che scende da Dio e che ha il suo modello supremo in Dio, non nell'uomo. Nella posizione in cui si trova, Dio non può "elevarsi"; nulla esiste sopra di lui. Se Dio esce da se stesso e fa qualcosa al di fuori della Trinità, questo non potrà essere che un abbassarsi e un farsi piccolo; non potrà essere, in altre parole, che umiltà o, come dicevano alcuni Padri greci, *synkatabasis*, cioè condiscendenza.

San Francesco fa di Sorella Acqua il simbolo dell'umiltà, definendola «utile, umile, preziosa e casta». L'acqua infatti mai si "innalza", mai "ascende", ma sempre "discende", fino a che non ha raggiunto il punto più basso. Il vapore sale ed è perciò il simbolo tradizionale dell'orgoglio e della vanità; l'acqua scende ed è perciò simbolo dell'umiltà.

Ora sappiamo cosa vuol dire la parola di Gesù: «Imparate da me che sono umile». È un invito a farci piccoli per amore, a lavare, come lui, i piedi ai fratelli. In Gesù vediamo, però, anche la serietà di questa scelta. Non si tratta infatti di scendere e farsi piccolo di tanto in tanto, come un re che, nella sua generosità, ogni tanto, si degna di scendere tra il popolo e magari anche di servirlo in qualcosa. Gesù si fece "piccolo", come "si fece carne", cioè stabilmente, fino in fondo. Scelse di appartenere alla *categoria* dei piccoli e degli umili.

Questo volto nuovo dell'umiltà si riassume in una parola: servizio. «Un giorno», si legge nel Vangelo, «i discepoli avevano discusso tra di loro chi fosse "il più grande"; allora Gesù, "sedutosi" - come per dare maggiore solennità alla lezione che stava per impartire -, chiamò a sé i Dodici e disse loro: "Se uno vuole essere il primo, sia l'ultimo di tutti e il servo di tutti"» (Mc 9, 35). Chi vuol essere il "primo" sia l'"ultimo", cioè scenda, si abbassi. Ma poi spiega subito cosa intenda per ultimo: sia il "servo" di tutti. L'umiltà proclamata da Gesù è dunque servizio. Nel Vangelo di Matteo, questa lezione di Gesù viene corroborata con un esempio: «Appunto, come il Figlio dell'uomo che non è venuto per essere servito ma per servire» (Mt 20, 28).

4. Una Chiesa umile

Qualche considerazione pratica sulla virtù dell'umiltà, presa in tutte le sue manifestazioni, e cioè sia nei confronti di Dio che nei confronti degli uomini. Non ci dobbiamo illudere di aver raggiunto l'umiltà solo perché la parola di Dio ci ha condotti a scoprire il nostro nulla e ci ha mostrato che essa deve tradursi in servizio fraterno. A che punto siamo giunti in fatto di umiltà, lo si vede quando l'iniziativa passa da noi agli altri, quando cioè non siamo più noi a riconoscere i nostri difetti e torti, ma sono gli altri a farlo; quando non siamo solo capaci di dirci la verità, ma anche di lasciarcela dire, di buon grado, da altri. Prima di riconoscersi davanti a frate Masseo come il più vile degli uomini, Francesco aveva accettato, di buon grado e per molto tempo, di essere deriso, ritenuto da amici, parenti e dall'intero paese di Assisi un ingrato, un esaltato, uno che non avrebbe combinato mai nulla di buono nella vita.

A che punto siamo nella lotta contro l'orgoglio, lo si vede, in altre parole, da come reagiamo, esternamente o internamente, quando siamo contraddetti, corretti, criticati o lasciati da parte. Pretendere di uccidere il proprio orgoglio colpendolo da soli, senza che nessuno intervenga dal di fuori, è come usare il proprio braccio per punire se stesso: non ci si farà mai veramente male. È come se un medico volesse asportarsi da solo un tumore.

Quando io cerco di ricevere gloria da un uomo per qualcosa che dico o che faccio, è quasi certo che quello che mi sta davanti cerca di ricevere gloria da me per come ascolta e per come risponde. E così avviene che ognuno cerca la propria gloria e nessuno la ottiene e se, per caso, la ottiene non è che "vanagloria", cioè gloria vuota, destinata a dissolversi in fumo con la morte. Ma l'effetto è ugualmente terribile; Gesù attribuiva alla ricerca della propria gloria addirittura l'impossibilità di credere. Diceva ai Farisei: «Come potete credere voi che prendete gloria gli uni dagli altri e non cercate la gloria che viene da Dio solo?» (Gv 5, 44).

Quando ci ritroviamo invischiati in pensieri e aspirazioni di gloria umana, gettiamo nella mischia di tali pensieri, come una torcia ardente, la parola che Gesù stesso usò e che ha lasciato a noi: «Io non cerco la mia gloria!» (Gv 8, 50). Quella dell'umiltà è una lotta che dura tutta la vita e si estende a ogni aspetto di essa. L'orgoglio è capace di nutrirsi sia del male che del bene; anzi, a differenza di ciò che avviene per ogni altro vizio, il bene, non il male, è il terreno di coltura preferito di questo terribile "virus".

Scrive argutamente il filosofo Pascal:

«La vanità ha così profonde radici nel cuore dell'uomo che un soldato, un servo di milizie, un cuoco, un facchino, si vanta e pretende di avere i suoi ammiratori e gli stessi filosofi ne vogliono. E coloro che scrivono contro la vanagloria aspirano al vanto di aver scritto bene, e coloro che li leggono, al vanto di averli letti; e io, che scrivo questo, nutro forse lo stesso desiderio; e coloro che mi leggeranno forse anche»[14].

Perché l'uomo "non monti in superbia", Dio di solito lo fissa al suolo con una specie di àncora; gli mette accanto, come a Paolo, un «messaggero di Satana che lo schiaffeggia», «una spina nella carne» (2 Cor 12, 7). Non sappiamo cosa fosse esattamente per l'Apostolo questa "spina nella carne", ma sappiamo bene cos'è per noi! Ognuno che vuole seguire il Signore e servire la Chiesa ce

---

[14] B. Pascal, *Pensieri*, n. 150 Brunschvicg .

l'ha. Sono situazioni umilianti, dalle quali si è richiamati costantemente, talvolta notte e giorno, alla dura realtà di quello che siamo. Può essere un difetto, una malattia, una debolezza, un'impotenza, che il Signore ci lascia, nonostante tutte le suppliche; una tentazione persistente e umiliante, forse proprio una tentazione di superbia; una persona con cui si è costretti a vivere e che, nonostante la rettitudine di entrambe le parti, ha il potere di mettere a nudo la nostra fragilità, di demolire la nostra presunzione e farci perdere la calma.

L'umiltà non è però solo una virtù privata. C'è un'umiltà che deve risplendere nella Chiesa come istituzione e popolo di Dio. Se Dio è umiltà, anche la Chiesa deve essere umiltà; se Cristo ha servito, anche la Chiesa deve servire, e servire per amore. Per troppo tempo la Chiesa, nel suo insieme, ha rappresentato davanti al mondo la *verità* di Cristo, ma forse non abbastanza l'*umiltà* di Cristo. Eppure è con essa, meglio che con ogni apologetica, che si placano le ostilità e i pregiudizi nei suoi confronti e si spiana la via all'accoglimento del Vangelo.

C'è un episodio de *I Promessi Sposi* di Manzoni che contiene una profonda verità psicologica ed evangelica. Fra Cristoforo, terminato il noviziato, decide di chiedere pubblicamente perdono ai parenti dell'uomo che, prima di farsi frate, ha ucciso in duello. La famiglia si schiera in fila, formando una specie di "Forche caudine", in modo che il gesto risulti il più umiliante possibile per il frate e di più grande soddisfazione per l'orgoglio della famiglia. Ma quando vedono il giovane frate procedere a testa china, inginocchiarsi davanti al fratello dell'ucciso e chiedere perdono, cade la boria; sono loro a sentirsi confusi e a chiedere scusa, finché alla fine tutti gli si stringono intorno per baciargli la mano e raccomandarsi alle sue preghiere[15]. Sono i miracoli dell'umiltà.

Nel profeta Sofonia Dio dice: «Lascerò in mezzo a te un popolo umile e povero che

---

[15] A. Manzoni, *I Promessi Sposi*, cap. IV.

confiderà nel nome del Signore» (Sof 3, 12). Questa parola è ancora attuale e forse anche da essa dipenderà il successo della evangelizzazione nella quale la Chiesa è impegnata.

Adesso sono io che, prima di terminare, devo ricordare a me stesso una massima cara a san Francesco. Egli era solito ripetere: «Carlo imperatore, Orlando, Oliviero, tutti i paladini riportarono una gloriosa e memorabile vittoria... Ma ci sono ora molti che, con la sola narrazione delle loro gesta, vogliono ricevere onore e gloria dagli altri uomini»[16]. Usava questo esempio per dire che i santi hanno praticato le virtù mentre altri cercano gloria col solo raccontarle[17].

Per non essere anch'io del loro numero, mi sforzo di mettere in pratica il consiglio che un antico Padre del deserto, Isacco di Ninive, dava a chi era costretto dal dovere a parlare di cose spirituali, alle quali non era ancora giunto

[16] *Ammonizioni* VI (FF 155).

[17] Celano, *Vita seconda*, 72 (FF 1626).

con la sua vita: «Parlane», diceva, «come uno che appartiene alla classe dei discepoli e non con autorità, dopo aver umiliato la tua anima ed esserti fatto più piccolo di ogni tuo ascoltatore». Con questo spirito, Santo Padre, Venerabili Padri, fratelli e sorelle, ho osato parlare a voi di umiltà.

III

IL MISTERO DELL'INCARNAZIONE CONTEMPLATO CON GLI OCCHI DI FRANCESCO D'ASSISI

1. Greccio e l'istituzione del presepio

In questa ultima meditazione di Avvento ci proponiamo di contemplare il mistero dell'incarnazione con gli occhi di Francesco d'Assisi. Conosciamo tutti la storia di Francesco che a Greccio, tre anni prima della morte, dà inizio alla tradizione natalizia del presepio; ma è bello rievocarla, per sommi capi, in questa circostanza. Scrive dunque il Celano:

«Circa due settimane prima della festa della Natività, il beato Francesco chiamò a sé un uomo di nome Giovanni e gli disse: "Se vuoi che celebriamo a Greccio il Natale di Gesù, precedimi e prepara quanto ti dico: vorrei rappresentare il Bambino nato a Betlemme, e in qualche modo vedere con gli occhi del corpo i disagi in cui si è trovato per la mancanza delle cose necessarie a un neonato, come fu adagiato in una greppia e come giaceva sul fieno tra il bue e l'asinello". [...] E giunge il giorno della letizia. Francesco si è rivestito dei paramenti diaconali perché era diacono, e canta con voce sonora il santo Vangelo: quella voce forte e dolce, limpida e sonora rapisce tutti in desideri di cielo. Poi parla al popolo e con parole dolcissime rievoca il neonato Re povero e la piccola città di Betlemme»[1].

L'importanza dell'episodio non sta tanto nel fatto in sé e neppure nel seguito spettacolare

---

[1] Celano, *Vita Prima*, 84-86 (FF 468-470).

che ha avuto nella tradizione cristiana, quanto nella novità che esso rivela nella comprensione del mistero dell'incarnazione. L'insistenza troppo unilaterale, e a volte addirittura ossessiva, sugli aspetti ontologici dell'incarnazione (natura, persona, unione ipostatica, comunicazione degli idiomi) aveva fatto perdere spesso di vista la vera natura del mistero cristiano, riducendolo a un mistero speculativo, da formulare con categorie sempre più rigorose, ma lontanissime dalla portata della gente.

Francesco d'Assisi ci aiuta a integrare la visione ontologica dell'incarnazione con quella più esistenziale e religiosa. Non importa, infatti, solo sapere che Dio si è fatto uomo; importa anche sapere che tipo di uomo si è fatto. È significativo il modo diverso e complementare in cui Giovanni e Paolo descrivono l'evento dell'incarnazione. Per Giovanni, essa consiste nel fatto che il Verbo che era Dio si è fatto carne (cf. Gv 1, 1-14); per Paolo, essa consiste nel fatto che «Cristo, essendo di natura divina, ha assunto la forma di servo e ha umiliato se stesso facendosi obbediente fino alla morte» (cf. Fil 2, 5 ss.). Per Giovanni, il Verbo, essendo Dio, si è fatto uomo; per Paolo «Cristo, da ricco che era, si è fatto povero» (cf. 2 Cor 8, 9).

Francesco d'Assisi si situa nella linea di san Paolo. Più che sulla realtà ontologia dell'umanità di Cristo (nella quale crede fermamente con tutta la Chiesa), egli insiste, fino alla commozione, sull'umiltà e la povertà di essa. Due cose, dicono le fonti, avevano il potere di commuoverlo fino alle lacrime, ogni volta che ne sentiva parlare: l'umiltà dell'incarnazione e la carità della passione[2]. «Non poteva ripensare senza piangere», scrive il Celano, «in quanta penuria si era trovata in quel giorno la Vergine poverella. Una volta, mentre era seduto a pranzo, un frate gli ricordò la povertà della beata Vergine e l'indigenza di Cristo suo Figlio. Subito si alzò da mensa, scoppiò in singhiozzi di dolore, e col volto bagnato di lacrime mangiò il resto del

---

[2] Celano, *Ibidem*, 30 (FF 467).

pane sulla nuda terra»[3].

Francesco ha ridato così "carne e sangue" ai misteri del cristianesimo, spesso "disincarnati" e ridotti a concetti e sillogismi nelle scuole teologiche e nei libri. Uno studioso tedesco ha visto in Francesco d'Assisi colui che ha creato le condizioni per la nascita dell'arte moderna rinascimentale, in quanto scioglie persone ed eventi sacri dalla rigidità stilizzata del passato e conferisce loro concretezza e vita[4].

2. Il Natale e i poveri

La distinzione tra il fatto dell'incarnazione e il modo di essa, tra la sua dimensione ontologica e quella esistenziale, ci interessa perché getta una luce singolare sul problema attuale della povertà e dell'atteggiamento dei cristiani verso di essa. Aiuta a dare un fondamento biblico e teologico alla scelta preferenziale dei poveri, proclamata nel

---

[3] Celano, *Vita Seconda*, 151 (FF 788).

[4] H. Thode, *Franz von Assisi und die Anfänge der Kunst der Renaissance in Italien*, Berlin 1885.

Concilio Vaticano II. Se infatti per il fatto dell'incarnazione, il Verbo ha, in certo senso, assunto ogni uomo, come dicevano alcuni Padri della Chiesa, per il modo in cui essa si è realizzata, egli ha assunto, a un titolo tutto particolare, il povero, l'umile, il sofferente, al punto da identificarsi con essi.

Francesco d'Assisi aveva una acutissima coscienza di questo. Per lui, amore per Cristo, amore per i poveri e amore per la povertà formavano una cosa sola. «Quando vedi un povero», disse un giorno a un suo compagno che aveva giudicato male un povero, «devi considerare colui nel nome del quale viene, Cristo, fattosi uomo per prendere la nostra povertà e infermità. Nella povertà e nella malattia di questo mendicante dobbiamo scorgere con amore la povertà e l'infermità del Signore nostro Gesù Cristo, le quali egli portò nel suo corpo per la salvezza del genere umano»[5].

------

[5] *Legenda Perugina* 89 (FF 1645)

Nel povero non si ha, certo, lo stesso genere di presenza di Cristo che si ha nell'Eucaristia e negli altri sacramenti, ma si tratta di una presenza anch'essa vera e "reale". Lui ha "istituito" questo segno, come ha istituito l'Eucaristia. Colui che pronunciò sul pane le parole: «Questo è il mio corpo», ha detto queste stesse parole anche dei poveri. Le ha dette quando, parlando di quello che si è fatto, o non si è fatto, per l'affamato, l'assetato, il prigioniero, l'ignudo e l'esule, ha dichiarato solennemente: «L'avete fatto a me» e «Non l'avete fatto a me». Questo infatti equivale a dire: quella certa persona lacera, bisognosa di un po' di pane, quel senza tetto che moriva intirizzito dal freddo sul marciapiede, ero io! «I Padri conciliari», ha scritto Jean Guitton, osservatore laico al Concilio Vaticano II, «hanno ritrovato il sacramento della povertà, la presenza di Cristo sotto le specie di coloro che soffrono»[6].

Non accoglie perciò pienamente Cristo chi

---

[6] J. Guitton, citato da R. Gil, *Presencia de los pobres en el concilio*, in "Proyección" 48, 1966, p. 30.

non è disposto ad accogliere il povero con cui egli si è identificato. Chi, al momento della comunione, si accosta pieno di fervore a ricevere Cristo, ma disprezza i poveri, somiglia, direbbe sant'Agostino, a uno che vede venire da lontano un amico che non vede da anni. Pieno di gioia, gli corre incontro, si alza in punta dei piedi per baciargli la fronte, ma nel fare ciò non si accorge che gli sta calpestando i piedi con scarpe chiodate. I poveri infatti sono i piedi nudi che Cristo ha ancora posati su questa terra.

Il povero è anch'esso un "vicario di Cristo", uno che tiene le veci di Cristo. Vicario, in senso passivo, non attivo; non nel senso, cioè, che quello che fa il povero è come se lo facesse Cristo, ma nel senso che quello che si fa al povero è come se lo si facesse a Cristo. È vero, come scrive san Leone Magno, che dopo l'ascensione «tutto quello che c'era di visibile nel nostro Signore Gesù Cristo è passato nei segni sacramentali della Chiesa»[7], ma è

_____

[7] S. Leone Magno, *Discorso 2 sull'Ascensione*, 2 (PL 54, 398).

altrettanto vero che, dal punto di vista esistenziale, esso è passato nei poveri e in tutti coloro di cui egli ha detto: «L'avete fatto a me!».

Traiamo la conseguenza che deriva da tutto ciò sul piano dell'ecclesiologia. Giovanni XXIII, in occasione del Concilio, ha coniato l'espressione "Chiesa dei poveri"[8]. Essa riveste un significato che va forse al di là di quello che si intende a prima vista. La Chiesa dei poveri non è costituita solo dai poveri della Chiesa! In un certo senso, tutti i poveri del mondo, siano essi battezzati o meno, le appartengono. La loro povertà e sofferenza è il loro battesimo di sangue. Se i cristiani sono coloro che sono stati «battezzati nella morte di Cristo» (Rom 6, 3), chi è, di fatto, più battezzato nella morte di Cristo di loro?

Come non considerarli, in qualche modo, Chiesa di Cristo, se Cristo stesso li ha dichiarati il suo corpo? Essi sono "cristiani", non perché si dichiarano appartenenti a

---

[8] In *AAS* 54, 1962, p. 682.

Cristo, ma perché Cristo li ha dichiarati appartenenti a sé: «L'avete fatto a me!». Se c'è un caso in cui la controversa espressione "cristiani anonimi" può avere un'applicazione plausibile, esso è proprio questo dei poveri.

La Chiesa di Cristo è dunque immensamente più vasta di quello che dicono le statistiche correnti. Non per semplice modo di dire, ma veramente, realmente. Nessuno dei fondatori di religioni si è identificato con i poveri come ha fatto Gesù. Nessuno ha proclamato: «Tutto quello che avete fatto a uno solo di questi miei fratelli più piccoli, l'avete fatto a me» (Mt 25, 40), dove il "fratello più piccolo" non indica solo il credente in Cristo, ma, come è ammesso da tutti, ogni uomo.

Ne deriva che il papa, vicario di Cristo, è davvero il "padre dei poveri", il pastore di questo immenso gregge ed è una gioia e uno stimolo per tutto il popolo cristiano vedere quanto questo ruolo sia stato preso a cuore dagli ultimi Sommi Pontefici e in modo tutto particolare dal pastore che siede oggi sulla cattedra di Pietro. Egli è la voce più autorevole che si leva in loro difesa. La voce di chi non ha voce. Non si è davvero "dimenticato dei poveri"!

Noi tendiamo a mettere, tra noi e i poveri, dei doppi vetri. L'effetto dei doppi vetri, oggi così sfruttato nell'edilizia, è che impediscono il passaggio del freddo, del caldo e dei rumori; stemperano tutto, fanno giungere tutto attutito, ovattato. E infatti vediamo i poveri muoversi, agitarsi, urlare dietro lo schermo televisivo, sulle pagine dei giornali e delle riviste missionarie, ma il loro grido ci giunge come da molto lontano. Non ci penetra il cuore. Lo dico a mia stessa confusione e vergogna. La parola: "i poveri", "gli extracomunitari" provoca, nei paesi ricchi, lo stesso effetto che provocava nei Romani antichi il grido "i barbari!": lo sconcerto, il panico. Essi si affannavano a costruire muraglie e a inviare eserciti alle frontiere per tenerli a bada, ma la storia dice che fu tutto inutile.

Noi piangiamo e protestiamo - e giustamente! - per i bambini a cui si impedisce di nascere, ma non dovremmo fare altrettanto per i milioni di bambini nati e fatti morire per fame e malattie, costretti a fare la guerra e uccidersi tra loro per interessi a cui non siamo estranei noi dei paesi ricchi? Non sarà perché i primi appartengono al nostro continente e hanno il nostro stesso colore, mentre i secondi appartengono a un altro continente e hanno un colore diverso? Protestiamo - e più che giustamente! - per gli anziani, i malati, i malformati aiutati (a volte spinti) a morire con l'eutanasia; ma non dovremmo fare altrettanto per gli anziani che muoiono assiderati dal freddo o abbandonati, soli al loro destino? La legge liberista del "vivere e lasciar vivere" non dovrebbe mai trasformarsi nella legge del "vivere e lasciar morire", come invece sta avvenendo nel mondo intero.

Certo, la legge naturale è santa, ma è proprio per avere la forza di applicarla che abbiamo bisogno di ripartire dalla fede in Gesù Cristo. San Paolo ha scritto: «Ciò che era impossibile alla legge, resa impotente a causa della carne, Dio lo ha reso possibile mandando il proprio Figlio» (Rom 8, 3). I primi cristiani, con i loro costumi, aiutarono lo stato a cambiare le proprie leggi; noi cristiani di oggi non possiamo fare il contrario e pensare che sia lo stato con le sue leggi a dover cambiare i costumi della gente.

3. Amare, soccorrere, evangelizzare i poveri

La prima cosa da fare, nei confronti dei poveri, è dunque rompere i doppi vetri, superare l'indifferenza e l'insensibilità. Dobbiamo, come ci esorta appunto il papa, "accorgerci" dei poveri, lasciarci prendere da una sana inquietudine per la loro presenza in mezzo a noi, spesso a due passi da casa nostra. Quello che dobbiamo fare in concreto per essi, lo si può riassumere in tre parole: amarli, soccorrerli, evangelizzarli.

Amare i poveri. L'amore per i poveri è uno dei tratti più comuni della santità cattolica. In san Francesco stesso, l'abbiamo visto nella prima meditazione, l'amore per i poveri, a partire da Cristo povero, viene prima dell'amore della povertà e fu esso che lo portò a sposare la povertà. Per alcuni santi, come san Vincenzo de' Paoli, Madre Teresa di Calcutta e innumerevoli altri, l'amore per i poveri è stato addirittura la loro via alla santità, il loro carisma.

Amare i poveri significa anzitutto rispettarli e riconoscere la loro dignità. In essi, proprio per la mancanza di altri titoli e distinzioni secondarie, brilla di luce più viva la radicale dignità dell'essere umano. In una omelia di Natale tenuta a Milano, il cardinal Montini diceva: «La visione completa della vita umana sotto la luce di Cristo vede in un povero qualche cosa di più di un bisognoso; vi vede un fratello misteriosamente rivestito di una dignità, che obbliga a tributargli riverenza, ad accoglierlo con premura, a compatirlo oltre il merito»[9].

---

[9] Cf. *Il Gesú di Paolo VI*, a cura di V. Levi, Mondadori, Milano 1985, p. 61.

Ma i poveri non meritano soltanto la nostra commiserazione; meritano anche la nostra ammirazione. Essi sono i veri campioni dell'umanità. Si distribuiscono ogni anno coppe, medaglie d'oro, d'argento, di bronzo; al merito, alla memoria o ai vincitori di gare. E magari solo perché si è stati capaci di correre in una frazione di secondo meno degli altri i cento, i duecento o i quattrocento metri a ostacoli, o di saltare un centimetro più in alto degli altri, o di vincere una maratona o una gara di slalom.

Eppure se uno osservasse di quali salti mortali, di quale resistenza, di quali slalom sono capaci a volte i poveri, e non una volta, ma per tutta la vita, le prestazioni dei più famosi atleti ci sembrerebbero giochetti da fanciulli. Cos'è una maratona in confronto, per esempio, a quello che fa un uomo-risciò di Calcutta, il quale alla fine della vita ha percorso a piedi l'equivalente di diversi giri della terra, nel caldo più snervante, trainando uno o due passeggeri per strade dissestate, tra buche e pozzanghere, sgusciando tra un auto e l'altra per non farsi travolgere?

Francesco d'Assisi ci aiuta a scoprire un motivo ancora più forte per amare i poveri: il fatto che essi non sono semplicemente i nostri "simili" o il nostro "prossimo": sono nostri fratelli! Fratelli sono coloro che hanno uno stesso padre e gli uomini sono fratelli perché hanno un unico padre nei cieli! Gesù aveva detto: «Uno solo è il vostro Padre celeste e voi siete tutti fratelli» (cf. Mt 23, 8-9), ma questa parola era stata intesa finora come rivolta ai soli discepoli. Nella tradizione cristiana, fratello in senso stretto è solo colui che condivide la stessa fede e ha ricevuto lo stesso battesimo.

Francesco riprende la parola di Cristo e le dà una portata universale che è quella che certamente aveva in mente Gesù. Francesco ha messo davvero «tutto il mondo in stato di fraternità»[10]. Chiama fratelli non solo i suoi frati e i compagni di fede, ma anche i lebbrosi,

---

[10] P. Damien Vorreux, *Saint François d'Assise, Documents*, Parigi 1968, p. 36.

i briganti, i saraceni, cioè credenti e non credenti, buoni e cattivi, soprattutto i poveri. Novità, questa, assoluta, estende il concetto di fratello e sorella anche alle creature inanimate: il sole, la luna, la terra, l'acqua e perfino la morte. Questa, evidentemente, è poesia, più che teologia. Il santo sa bene che tra esse e le creature umane, fatte a immagine di Dio, c'è la stessa differenza che tra il figlio di un artista e le opere da lui create. Ma è che il senso di fraternità universale del Poverello non ha confini.

Questo della fraternità è il contributo specifico che la fede cristiana può dare per rafforzare nel mondo la pace e la lotta alla povertà, come suggerisce il tema della prossima Giornata mondiale della pace "Fraternità, fondamento e via per la pace". A pensarci bene, esso è l'unico fondamento vero e non velleitario. Che senso ha infatti parlare di fraternità e di solidarietà umana, se si parte da una certa visione scientifica del mondo che conosce, come uniche forze in azione, "il caso e la necessità"? Se si parte, in altre parole, da una visione filosofica come quella di Nietzsche, secondo cui il mondo non è che volontà di potenza e ogni tentativo di opporsi a ciò è solo segno del risentimento dei deboli contro i forti? Ha ragione chi dice che «se l'essere è solo caos e forza, l'azione che ricerca la pace e la giustizia è destinata inevitabilmente a rimanere senza fondamento»[11]. Manca, in questo caso, una ragione sufficiente per opporsi al liberismo sfrenato e all'"inequità" denunciati con forza dal papa nell'esortazione *Evangelii gaudium*.

Al dovere di amare e rispettare i poveri, segue quello di soccorrerli. Qui ci viene in aiuto san Giacomo. A che serve, egli dice, impietosirsi davanti a un fratello o una sorella privi del vestito e del cibo, dicendo loro: «Poveretto, come soffri! Vai, riscàldati, sàziati!», se tu non gli dai nulla di quanto ha bisogno per riscaldarsi e nutrirsi? La compassione, come la fede, senza le opere è morta (cf. Gc 2, 15-17). Gesù nel giudizio non

---

[11] V. Mancuso, in *La Repubblica*, Venerdì 4 Ottobre 2013.

dirà: «Ero nudo e mi avete compatito», ma «Ero nudo e mi avete vestito». Non bisogna prendersela con Dio davanti alla miseria del mondo, ma con noi stessi. Un giorno vedendo una bambina tremante di freddo e che piangeva per la fame, un uomo fu preso da un moto di ribellione e gridò: «O Dio, dove sei? Perché non fai qualcosa per quella creatura innocente?». Ma una voce interiore gli rispose: «Certo che ho fatto qualche cosa. Ho fatto te!». Ed egli capì immediatamente.

Oggi però non basta più la semplice elemosina. Il problema della povertà è divenuto planetario. Quando i Padri della Chiesa parlavano dei poveri pensavano ai poveri della loro città, o al massimo a quelli della città vicina. Non conoscevano quasi altro, se non molto vagamente e, del resto, anche se l'avessero conosciuto, far pervenire gli aiuti sarebbe stato ancora più difficile in una società come la loro. Oggi sappiamo che questo non basta, anche se nulla ci dispensa dal fare quello che possiamo anche a questo livello individuale.

L'esempio di tanti uomini e donne del nostro tempo ci mostra che ci sono molte cose che si possono fare per soccorrere, ognuno secondo i propri mezzi e possibilità, i poveri e promuoverne l'elevazione. Parlando del "grido dei poveri", nella *Evangelica testificatio*, Paolo VI diceva in particolare a noi religiosi: «Esso induce certuni tra voi a raggiungere i poveri nella loro condizione, a condividere le loro ansie lancinanti. Invita, d'altra parte, non pochi vostri istituti a riconvertire in favore dei poveri certe loro opere»[12].

Eliminare o ridurre l'ingiusto e scandaloso abisso che esiste tra ricchi e poveri nel mondo è il compito più urgente e più ingente che il millennio da poco conclusosi ha consegnato al nuovo millennio in cui siamo entrati. Speriamo che non sia ancora il problema numero uno che il presente millennio lascia in eredità a quello successivo.

Infine, evangelizzare i poveri. Questa fu la

---

[12] Paolo VI, *Evangelica testificatio*, 18 (Ench. Vatic., 4, p. 651).

missione che Gesù riconobbe come sua per eccellenza: «Lo Spirito del Signore è sopra di me, mi ha unto per evangelizzare i poveri» (Lc 4, 18) e che indicò come segno della presenza del Regno agli inviati del Battista: «Ai poveri è annunciata la lieta novella» (Mt 11, 15). Non dobbiamo permettere che la nostra cattiva coscienza ci spinga a commettere l'enorme ingiustizia di privare della buona notizia coloro che ne sono i primi e più naturali destinatari. Magari, adducendo, a nostra scusa, il proverbio che "ventre affamato non ha orecchi". L'azione sociale deve accompagnare l'evangelizzazione, mai sostituirla.

Gesù moltiplicava i pani e insieme anche la Parola; anzi, prima amministrava, a volte per tre giorni di seguito, la Parola poi si preoccupava anche dei pani. Non di solo pane vive il povero, ma anche di speranza e di ogni parola che esce dalla bocca di Dio. I poveri hanno il sacrosanto diritto di udire il Vangelo integrale, non in edizione ridotta o polemica; il Vangelo che parla di amore ai poveri, ma non di odio ai ricchi.

4. Gioia nei cieli e gioia sulla terra

Terminiamo su un altro tono. Per Francesco d'Assisi, Natale non era solo l'occasione per piangere sulla povertà di Cristo; era anche la festa che aveva il potere di fare esplodere tutta la capacità di gioia che c'era nel suo cuore, ed era immensa. A Natale egli faceva letteralmente pazzie.

«Voleva che in questo giorno i poveri e i mendicanti fossero saziati dai ricchi, e che i buoi e gli asini ricevessero una razione di cibo e di fieno più abbondante del solito. Se potrò parlare all'imperatore - diceva - lo supplicherò di emanare un editto generale, per cui tutti quelli che ne hanno possibilità, debbano spargere per le vie frumento e granaglie, affinché in un giorno di tanta solennità gli uccellini e particolarmente le sorelle allodole ne abbiano in abbondanza»[13].

---

[13] Celano, *Vita Seconda*, 151 (FF 787 s.).

Diventava come uno di quei bambini che stanno con gli occhi pieni di stupore davanti al presepio. Durante la funzione natalizia a Greccio, racconta il biografo, quando pronunciava il nome "Betlemme" si riempiva la bocca di voce e ancor più di tenero affetto, producendo un suono come belato di pecora. E ogni volta che diceva: «Bambino di Betlemme» o «Gesù», passava la lingua sulle labbra, quasi a gustare e trattenere tutta la dolcezza di quelle parole.

C'è un canto natalizio che esprime alla perfezione i sentimenti di San Francesco davanti al presepio e la cosa non stupisce se pensiamo che esso è stato scritto, parole e musica, da un santo come lui, sant'Alfonso Maria de Liguori. Ascoltandolo nel tempo natalizio, lasciamoci commuovere dal suo messaggio semplice ma essenziale:

Tu scendi dalle stelle
o Re del cielo,
e vieni in una grotta al freddo e al gelo...
A te che sei del mondo il Creatore,

mancano i panni e il fuoco,
o mio Signore.
Caro eletto pargoletto,
quanta questa povertà più mi innamora,
giacché ti fece amor
povero ancora.

INDICE

ZENIT Books

ZENIT Books è una iniziativa che mira ad accrescere le opportunità d'informazione offerte da ZENIT. Oltre al servizio via E-mail, alla Web(zenit.org) ed ai Social Network, tutti in sette lingue, ci siamo resi conto dell'inestimabile valore delle informazioni contenute nei nostri archivi. Informazioni raccolte e immagazzinate da quando ZENIT ha mosso i primi passi nella rete.

Per questo crediamo di rendere un servizio importante analizzando, selezionando e raccogliendo per i nostri lettori le documentazioni più interessanti.

Attraverso ZENIT Books potrete anche scoprire nuove opere di autori conosciuti ed esordienti. Questo è un progetto ambizioso e complicato, sul quale però siamo convinti sia necessario puntare, allo scopo di approfondire tematiche che vengono trattate in forma giornalistica e che spesso meritano una particolare attenzione.

ZENIT Books rappresenta anche una fonte alternativa di sostentamento per l'Agenzia. Acquistare un libro prodotto da noi significa anche sostenere tutta la struttura dell'agenzia internazionale indipendente di notizie ZENIT. Un'agenzia che ha carattere no-profit ed è formata da una équipe di professionisti e volontari.

La copertura garantita dai nostri servizi informativi gratuiti si orienta soprattutto verso le attività del Papa: viaggi apostolici, documenti, incontri con Capi di Stato e personalità di rilievo nell'ambito sociale, culturale e religioso. L'informazione riguarda in particolare le attività del Santo Padre, così come i suoi interventi.

E' possibile abbonarsi gratuitamente al servizio di notizie quotidiano sul mondo della chiesa di ZENIT iscrivendosi su http://accounts.zenit.org.

Per essere informati sulla altre iniziative editoriali e le nuove pubblicazioni scrivete a bookinfo@zenit.org

www.ingramcontent.com/pod-product-compliance
Lightning Source LLC
Chambersburg PA
CBHW061458040426
42450CB00008B/1414